LIBRAIRIE

De LACRETELLE aîné, et Comp[ie]., rue Dauphine, n° 20.

On trouvera à la librairie de M. Lacretelle, ancien éditeur responsable de la *Minerve française,* les divers ouvrages politiques et littéraires de MM. Aignan, Benjamin Constant, Évariste Dumoulin, Étienne, A. Jay, E. Jouy, Lacretelle aîné, P.-F. Tissot et J.-P. Pagès.

UN MOT

SUR LA PÉTITION,

A LA CHAMBRE DES DÉPUTÉS,

DE M. MADIER DE MONTJAU,

CONSEILLER A LA COUR ROYALE DE NÎMES, CHEVALIER DE LA LÉGION D'HONNEUR.

PAR M. A. JAY.

Prix : 75 cent.

PARIS.

DE L'IMPRIMERIE DE PLASSAN, RUE DE VAUGIRARD, N° 15.

Avril 1820.

UN MOT

SUR

LA PÉTITION,

A LA CHAMBRE DES DÉPUTÉS,

DE M. MADIER DE MONTJAU,

Conseiller à la Cour royale de Nîmes, chevalier de la Légion d'honneur.

M. Madier de Montjau vient d'adresser à la chambre des députés une pétition (1) qui, dès qu'elle a été connue du public, a excité le plus vif intérêt, et qui doit être considérée comme un événement politique de la plus haute importance. Dans la situation pénible où la France est aujourd'hui placée, au milieu des craintes excitées par une

---

(1) Cette pétition se trouve textuellement dans une brochure intitulée : *Lettres sur la situation de la France*, qui se vend à la librairie de Lacretelle aîné et compagnie, et dont l'envoi aux départemens a été arrêté à la poste.

faction ennemie de l'indépendance du trône et des libertés nationales, il était digne d'un vertueux magistrat d'élever une voix courageuse, d'indiquer aux dépositaires du pouvoir la cause réelle des maux qui affligent ou menacent la société, d'en montrer le remède, et de se placer ainsi au premier rang des grands citoyens. Cet exemple est trop magnanime pour être mis en oubli; il aura une influence décisive sur le présent; il vivra dans les annales du patriotisme.

Avant d'arriver à mes propres observations, il me paraît convenable de rappeler sommairement les faits contenus dans la pétition de M. de Montjau. Ce digne magistrat ne s'adresse à la chambre que pour implorer son intervention, « parce qu'elle seule, dit-il, peut calmer les alarmes » de ce malheureux département du Gard, qu'effraient » également les horribles souvenirs du passé et les possi- » bilités de l'avenir. »

Ce fut le 17 février que parvint à Nîmes la funeste nouvelle de la mort du duc de Berri. La consternation fut générale; mais au milieu de la douleur publique, des joies atroces furent aperçues. Le 18, dans la journée, arriva à Nîmes une circulaire *sous le n°. 34*, adressée par *le comité directeur de Paris*, et contenant ces mots : « Ne soyez ni » surpris ni effrayés; quoique l'attentat du 13 n'ait pas » amené sur-le-champ la chute du favori, agissez comme » s'il était déjà renversé. *Nous l'arracherons de ce poste,* » *si l'on ne consent pas à l'en bannir.* En attendant, or- » ganisez-vous! *les avis, les ordres et l'argent ne vous man-* » *queront pas.* »

Pendant les deux jours qui suivirent la réception de cette circulaire, on entendit d'horribles menaces; on revit les pantalons à bandelettes; des forcenés crièrent sur le boulevart : « *Pourquoi, en* 1815, *n'avons-nous pas fait fin de* » *cette race?* »

La nouvelle composition du ministère n'ayant pas satisfait complétement les espérances de la faction, il y eut quelque hésitation parmi les provocateurs de guerre civile. On fut obligé, pour remonter leur courage, de faire arriver un fameux colonel, dont M. de Montjau ne dit pas le nom, mais qui doit être bien connu à Nîmes, puisqu'il n'a jamais manqué d'y apparaître la veille de tous les égorgemens. C'est le même colonel que les factieux doivent faire nommer commandant militaire du Gard, aussitôt qu'ils auront culbuté le ministère actuel, après en avoir tiré le parti qui leur convient ; et aussitôt que le ministère *aux moyens extrêmes sera organisé.*

Il paraît que la présence de ce colonel produisit l'effet désiré : « *Qu'attendons-nous?* s'écriaient les sicaires les plus » impétueux ; *qu'importe que nous n'ayons pas encore un* » *ministère royaliste? sabrons ces misérables, leur sang* » *produira des royalistes; n'est-ce pas avec du sang et de* » *la terreur, qu'en* 1793 *ils ont fait des républicains?* »

Ces dignes émules de 93 allaient recommencer 1815, lorsque leur ardeur fut tempérée par la réception d'une nouvelle circulaire, *portant le n°* 35, dans laquelle se trouvaient les phrases suivantes : « *Nous vous demandions, il* » *y a peu de jours, de prendre une attitude imposante;* » *nous vous recommandons aujourd'hui le calme et la ré-* » *serve les plus soutenus. Nous venons de remporter un* » *avantage décisif en faisant chasser Decazes. De grands* » *services peuvent nous être rendus par le nouveau minis-* » *tère; il faut donc bien se garder de lui montrer des sen-* » *timens hostiles. Nous vous le répétons; du calme, le plus* » *grand calme! Il faut diriger tous vos soins vers les adres-*

» *ses. Il faut que nos adresses soient nombreuses; faites-*
» *en jusque dans les hameaux; et qu'à côté des sentimens*
» *de douleur, se trouve énergiquement exprimée la néces-*
» *sité de venger cet attentat, et d'anéantir les doctrines*
» *libérales.* »

Ces nouvelles instructions arrêtèrent l'effusion du sang. Les assassinats furent ajournés, et l'on s'empressa de fabriquer des adresses : ce sont ces adresses, répétées dans tous les journaux ultras, dans lesquelles on demande des mesures *promptes et terribles*, et où les doctrines constitutionnelles sont vouées à la proscription. M. de Montjau ajoute à ces détails, qu'un homme revêtu de fonctions élevées, rédigea un projet d'adresse où se trouvaient ces mots : « *Il est temps,*
» *Sire, il est temps d'abjurer la clémence, et de régner par*
» *l'épée.* »

M. de Montjau assure que le ministère a eu connaissance de ces faits. « Les ministres connaissent aussi, dit-il, le redou-
» table factieux qui a rédigé et envoyé ces trente-cinq circu-
» laires. » Le courageux magistrat de Nîmes offre de nommer ce factieux devant les tribunaux. C'est le même qui disait en 1815, à une personne coupable d'avoir sauvé la vie au maréchal Soult : « *Quoi!* monsieur, *vous venez devant moi*
» *vous vanter d'avoir sauvé la vie au maréchal Soult, après*
» *l'avoir fait arrêter! Apprènez de moi que dans les conjonc-*
» *tures où nous sommes, on n'arrête pas un maréchal de*
» *France, on le tue.* » Il paraît que c'est au même factieux que nous devons les fameuses notes secrètes.

M. de Montjau défie les révolutionnaires de Nîmes de nier ces faits. Ils ne nieront pas non plus les conciliabules qu'ils tenaient au mois de janvier dernier, pour faire l'inspection secrète de leur garde nationale, et combiner les calomnies dont ils avaient besoin, pour éloigner une garnison qui ne voulait pas *fraterniser* avec leurs bandes d'assassins. Ces projets échouèrent au mois de janvier; depuis ils ont réussi : des troupes suisses vont remplacer l'ancienne garnison de Nîmes, trop amie de l'ordre et de la paix.

Ici, M. de Montjau s'adresse aux ministres, et les conjure de ne pas laisser Nîmes un seul jour sans une garnison forte et inaccessible à l'esprit de parti. Il les conjure de prévenir de sanglantes catastrophes; car les citoyens menacés ont pris la ferme résolution de se protéger eux-mêmes, si les lois cessaient de les protéger, et de disputer courageusement leur vie au fer des assassins. « Le calme règne encore, » dit-il, mais la rage d'un côté, et le désespoir de l'autre » possèdent tous les esprits. Le calme règne, mais les partis » s'observent en frémissant. »

Un fait rapporté par M. de Montjau révèle la cause de ces provocations séditieuses dont les ultra-royalistes profitent pour calomnier le peuple français. Le jugement d'un *sieur Bois de Milhau* a constaté : « Que le sieur *Bois* avait » eu plusieurs conférences avec son ami *Troistaillons* (Tres- » taillons) (1), avant de proférer dans les campagnes ces cris » de *vive l'empereur!* que *Bois* et son digne ami espéraient » pouvoir attribuer aux protestans. »

L'audace de ces hommes de malheur, qui pillent au nom de la religion, et assassinent aux cris de *vive le roi*, est aujourd'hui à son comble; ils arment leur garde nationale, et s'apprêtent à la réorganiser; de sorte que tout sera prêt à l'avénement du ministère ultra pour commencer la guerre civile. En attendant cette époque si impatiemment attendue,

(1) Cet ultra-royaliste a reçu le sobriquet de *Troistaillons*, parce qu'après avoir tué un protestant, il a coutume, dit-on, de couper le cadavre en trois morceaux.

on s'efforce d'obtenir le renvoi du procureur du roi et du maire de Nîmes, deux hommes courageux et probes qui n'entendent rien aux moyens extrêmes, qui ne savent qu'obéir à leur conscience et remplir leur devoir.

Le respectable pétitionnaire observe avec amertume que la redoutable influence des hommes de 1815 s'exerce même sur les tribunaux où la loi seule devrait régner. Il rappelle, en gémissant, l'impunité des assassins du maréchal Brune, des généraux Lagarde et Ramel, des protestans massacrés en 1815 aux portes du collège électoral de Nîmes. Cette effrayante impunité consterne les bons citoyens et atteste l'impuissance de la justice; il voudrait que les magistrats du Midi eussent assez de fermeté pour comprimer les véritables anarchistes, ceux qui ont conduit les coups des *verdets* ou *verdelets*, ceux qui ont formé les sociétés secrètes, ateliers ténébreux où la vengeance forge ses armes, et où le crime s'élabore.

Il ne reste qu'un seul moyen d'éviter de grands malheurs, et de replacer les habitans du Midi sous la protection des lois; c'est de mettre en jugement Truphémy et Troistaillons; le premier a été acquitté à Nîmes en 1816 pour vol commis à main armée; il vient d'échapper à la peine capitale pour le meurtre d'un officier qu'il égorgea le 2 août; mais comme il s'est publiquement vanté de onze assassinats, assez de crimes impunis pèsent sur sa tête pour que la justice puisse atteindre ce criminel. Quand à Troistaillons qui s'est acquis une si horrible célébrité, il présidait avec Truphémy aux massacres des malheureux protestans. Ces deux ultra-royalistes escortaient le fatal tombereau qui portait les cadavres à la voirie. Trois fois, en plein jour, ce tombereau traversa Nîmes pour aller déposer et reprendre son effroyable chargement. Voilà sous quels favorables auspices s'ouvrirent les élections qui enfantèrent monstrueusement la chambre ardente de 1815.

M. de Montjau ne pense pas que personne soit assez téméraire pour nier les faits qu'il avance. Si la moindre dénégation s'élève, il offrira le tableau détaillé des épouvantables excès dont le département du Gard a été le théâtre; il rappellera les proclamations incendiaires destinées à irriter la rage des bourreaux; il parlera de ces détenus fusillés à Uzès; il citera cette réponse d'un magistrat à un pasteur qui s'efforçait de l'émouvoir en faveur de plusieurs femmes que les ultra-royalistes fouettaient impitoyablement avec des battoirs garnis de pointes aiguës. « *Allez*, lui répondit ce fonc» tionnaire en souriant, *allez, monsieur; les magistrats de » Paris auraient trop à faire s'ils avaient à s'occuper des » querelles de la place Maubert.* » M. de Montjau n'oubliera ni les danses des cannibales autour du bûcher du malheureux Ladet, jeté vivant dans les flammes, ni les outrages commis sur le cadavre d'une jeune protestante, âgée de quinze ans, outrages que la pudeur le force à exprimer en latin, et sur lesquels je n'ose arrêter l'imagination du lecteur.

Passons rapidement sur d'autres faits non moins odieux, sur ces prisonniers qui furent exécutés au sortir d'un banquet; sur le massacre qui suivit la capitulation du 13e régiment de ligne; sur les quatre-vingt-cinq victimes dont le sang fut répandu à la même époque. M. de Montjau assure qu'il peut les compter et les nommer; puis, il s'écrie : « Hon» nêtes gens par excellence, acceptez le défi que je vous » porte à mon tour. Demandez une enquête sur cette la» mentable époque. Il faut que la France apprenne par » cette enquête, ou que M. le garde-des-sceaux (M. de » Serres), M. de Saint-Aulaire, M. d'Argenson et moi nous

» sommes des calomniateurs, ou que vous avez été des » monstres de cruauté. »

Après cette juste et véhémente apostrophe, M. de Montjau supplie la chambre des députés de renvoyer sa pétition au conseil des ministres, avec la recommandation d'examiner,

« 1°. S'il n'est pas d'une indispensable nécessité de laisser » la ville de Nîmes garantie par une garnison aussi forte que » celle qui va lui être enlevée;

» 2°. S'il ne doit pas être enjoint à tous les commandans » des forces armées de ne porter d'autres circulaires ou dé- » pêches que celles du gouvernement;

» 3°. Si l'action du ministère public ne doit pas cesser » d'être arrêtée, relativement du moins à Truphémy et à » Troistaillons;

» 4°. S'il n'est pas indispensable de juger ces deux hommes » hors du département du Gard;

» 5°. S'il n'est pas également nécessaire que la police ad- » ministrative interdise aux anciens gardes nationaux de Nîmes » les signes de ralliement et les uniformes qui ne sont auto- » risés que pour les corps légalement organisés;

» 6°. Enfin, s'il n'est pas très-urgent de faire exécuter le » désarmement effectif de la garde nationale de Nîmes. »

M. de Montjau, en signant cette pétition, n'a pu se défendre de quelques terreurs; il se dévoue par cette noble démarche aux poignards des assassins : c'est en présence de la mort qu'il écrit; mais son devoir, mais le salut de son pays l'emportent sur la certitude des dangers auxquels il s'expose; l'héroïsme des la Vaquerie, des Mathieu Molé, revit dans ce magistrat. Ce qui est digne de remarque, c'est l'attachement que M. de Montjau professe pour le Roi et son auguste famille; de sorte qu'il pourrait dire, comme son devancier et son modèle, Achille de Harlay : « Mon âme est à Dieu, mon

» cœur au roi ; et quant à mon corps, je l'abandonne aux » méchans qui désolent ce royaume. »

Telle est la fidèle analyse de la pétition de M. Madier de Montjau, pétition que la chambre des députés ne saurait repousser par l'ordre du jour, sans les plus graves inconvéniens pour elle-même, pour la France, pour l'autorité royale. Les réflexions naissent en foule à la lecture de ce document historique. Je vais choisir celles qui se présentent le plus naturellement à l'esprit.

J'ai dit que la faction ultra-royaliste était ennemie de l'indépendance du trône. Qui pourrait en douter, lorsqu'elle se vante hautement d'avoir forcé le monarque à éloigner un ministre qui jouissait de sa confiance? « *S'il n'est pas chassé, nous l'arracherons de son poste*, » écrivent-ils avec arrogance. Ainsi, il reste bien constaté qu'il y a deux gouvernemens en France, l'un ostensible, l'autre secret ; que ce dernier est parfaitement organisé, qu'il entretient des correspondances actives sur tous les points du royaume ; qu'il expédie des estafettes, qu'il envoie des ordres, que ces ordres sont fidèlement exécutés ; qu'il a une force armée à sa disposition, des fonds en réserve pour la solder ; enfin qu'il peut tout à coup surgir des ténèbres et soumettre la France à un joug de fer. En exigeant impérieusement le renvoi d'un ministre qui avait encouru sa haine, il a fait l'essai de sa puissance. Il ne saurait en rester là ; l'ambition s'accroît par le succès. Déjà son influence sur le ministère n'est pas douteuse ; il commande des destitutions, il paraît dicter jusqu'au langage des ministres.

Ce n'est pas sans peine que j'en fais l'observation ; les ministres se livrent aussi à ces accusations vagues contre les doctrines qui, n'offrant rien de déterminé, peuvent servir de prétexte à toutes les calomnies, à toutes les vengeances. Ne vaudrait-il pas mieux rédiger un symbole de foi politique, qui nous servirait de point de comparaison pour savoir si nous sommes orthodoxes ou hérétiques? Il y aurait au moins quelque chose de positif dans cette manière de jauger les doctrines. L'inquisition elle-même fixait les croyances : quelque goût qu'on ait pour l'arbitraire, on pourrait se contenter de celui de l'inquisition.

Il est hors de doute qu'en recommandant à leurs affidés d'insister dans la fabrication de leurs adresses sur l'anéantissement des *doctrines libérales*, les membres du comité directeur entendent les doctrines constitutionnelles, c'est-à-dire les principes qui garantissent la légitimité des droits du peuple aussi-bien que la légitimité des droits du trône. Il ne reste qu'une difficulté, c'est que, pour anéantir ces doctrines, il faudrait détruire la nation française; car ces principes font sa gloire, et feront tôt ou tard son bonheur. La persécution ne ferait qu'étendre leur empire. Quoi que puissent imaginer les hommes qui proposent si heureusement, comme un excellent modèle, les proscriptions de 93, on n'étouffe point les doctrines dans le sang; le poignard d'un Truphémy ne saurait atteindre une opinion; les opinions survivent à toutes les catastrophes, lorsqu'elles sont conformes aux besoins, aux intérêts, aux vœux des peuples, lorsqu'elles sont fondées sur l'éternelle justice, sur l'éternelle vérité.

Les ministres paraissent croire que l'agitation des esprits, que cette fermentation dont l'existence ne peut être contestée, tient à l'accroissement progressif des théories libérales. C'est une dangereuse erreur, c'est une erreur qui peut amener les plus fâcheux résultats. M. de Montjau s'est chargé d'éclairer le ministère, et je vais ajouter quelques considérations à ses excellentes remarques.

Oui, sans doute, il existe une agitation réelle dans les esprits, et cette agitation peut devenir dangereuse. Vous en cherchez la cause; elle est auprès de vous; elle est dans l'existence de ce comité directeur qui vous impose des lois, qui s'occupe nuit et jour à tenir les passions soulevées, à armer une partie de la population contre l'autre partie, qui dicte des adresses empreintes de ses fureurs, qui couvre notre avenir de ténèbres et d'orages. Vous vous déchaînez contre certains écrivains; mais pourquoi ne parlez-vous pas de ceux qui ont porté la licence à son comble; de ceux qui, au milieu de l'affliction publique, ont appelé la vengeance, provoqué la guerre civile, donné les plus scandaleux exemples de mensonge et de diffamation? Où est la justice, où est la force dans ces pusillanimes réticences? Serait-ce que ces écrivains accusent, défendent, calomnient ou se taisent suivant les ordres du gouvernement occulte? Ce n'est donc pas vous qui gouvernez? Hé bien, c'est encore là une des causes les plus actives de l'inquiétude générale. Votre dépendance est connue; quelle confiance voulez-vous qu'on ait dans vos promesses, quelle sécurité dans votre modération? Savons-nous si vous serez libres d'acquitter vos promesses; si l'on daignera vous permettre la modération?

Osera-t-on nier les circulaires, les faits cités par M. de Montjau? Mais ce qui s'est passé à Paris, à une récente et douloureuse époque, ne confirme-t-il pas le témoignage de ce vénérable magistrat? Le lendemain de l'assassinat d'un prince digne de tous nos regrets, *des joies atroces* n'ont-elles pas été aperçues? *Une attitude imposante* n'a-t-elle pas été commandée? et quelle attitude! Des sicaires, animés d'une rage soldée, n'ont-ils pas troublé la paix publique? ne les a-t-on pas entendus au Palais-Royal s'écrier : *Il faut nous laver les mains dans le sang de tous les libéraux?* N'est-ce pas alors que des feuilles dégoûtantes de bassesse et de lâcheté fomentaient le désordre, marquaient les victimes, exigeaient des proscriptions? A peine la chute du ministre, objet de tant de fureurs, est-elle décidée, nouveau coup de théâtre; tout rentre dans le calme; c'est la seconde circulaire, c'est le second acte de la tragédie oligarchique : chaque personnage joue admirablement son rôle en attendant la catastrophe.

Aucun homme de bonne foi ne saurait révoquer en doute l'existence du gouvernement de la faction. Oserait-on, après cela, blâmer les craintes des bons citoyens qui ne veulent que la paix, qui ne demandent que le repos, qui n'appellent de tous leurs vœux que le règne des lois, et qui n'osent compter sur rien avec un ministère équivoque, avec l'idée toujours présente que les anarchistes de 1815 peuvent usurper violemment le pouvoir? Vous reprochez à quelques écrivains d'alarmer les acquéreurs de biens nationaux. Tournez vos regards vers la faction organisée; c'est là ce qui excite leurs inquiétudes; car, dans son langage comme dans sa pensée, tout acquéreur de biens nationaux est un révolutionnaire, tout révolutionnaire est un proscrit. Croyez à l'instinct de l'intérêt; il trompe rarement les hommes (1).

---

(1) Demandera-t-on encore quels sont ceux qui alarment les acquéreurs de biens nationaux, quels sont ceux qui méconnaissent la charte? Lisez ce qui suit, et prononcez!

Les sieurs Julien, Dayme, et plusieurs autres habitans de la commune d'Eguilles, département des Bouches-du-Rhône, avaient acquis divers immeubles, vendus par l'état, par suite de l'émigration du marquis d'Eguilles et de ses enfans.

Le 15 juillet 1815, époque où une réaction si violente eut lieu en Provence, deux cents hommes de la garde urbaine de Marseille se rendirent à Eguilles, et arrêtèrent deux des acquéreurs des biens de l'ancien seigneur, qui furent conduits dans les prisons d'Aix. Ils en sortirent le 2 août. Le lende-

Il n'est point de machinations que n'emploient les ennemis de la liberté publique pour arriver à leur but. M. de Montjau cite une de ces machinations qui ont été répétées avec succès en plusieurs lieux. Je veux parler de ce sieur *Bois de Milhau* qui, d'accord avec Troistaillons, voulait attribuer aux protessans les cris de *vive l'empereur!* que lui-même avait proférés. Cette infernale tactique n'a-t-elle pas eu lieu à l'époque des élections de 1816? Des hommes apostés n'ont-ils pas fait entendre d'horribles paroles? N'est-ce pas de ces propos inspirés et payés qu'on est parti pour répandre d'injurieuses déclamations, pour égarer l'opinion des hommes crédules, pour calomnier insolemment les meilleurs citoyens? On se souvient encore de cet ancien militaire de l'armée de Condé, qui, à l'époque où la loi de recrutement fut exécutée pour la première fois, se mêlait parmi les jeunes

---

main et les jours suivans, dix de ces acquéreurs parurent devant un notaire, et signèrent des actes de revente au profit du marquis Alexandre d'Eguilles, petit-fils de l'ex-seigneur.

Lorsque les troubles furent apaisés, les actes de revente furent attaqués par ceux qui les avaient signés. Ils soutinrent que ces actes leur avaient été extorqués par les violences et les vexations qu'on leur avait fait éprouver, et par les menaces auxquelles ils avaient été en butte; ils soutinrent de plus que le prix stipulé dans les reventes n'était qu'apparent, et qu'en le supposant réel, il y avait lésion énorme.

Le tribunal, et ensuite la cour royale d'Aix, ont rejeté leur demande. Le moyen tiré de la violence a été écarté par le motif que les faits articulés n'étaient pas assez graves. Le moyen résultant de la lésion a également été déclaré inadmissible, sous le prétexte qu'il ne s'agissait pas de ventes ordinaires, mais de rétrocessions au profit de l'ancien propriétaire *injustement dépouillé*, et que les vendeurs devaient être considérés comme ayant acquitté une *obligation naturelle*.

La cour de cassation vient d'annuler l'article de l'arrêt de la cour d'Aix, pour violation de l'art. 9 de la charte, duquel il résulte qu'il n'est permis d'établir aucune différence entre les acquisitions de biens nationaux et celles de toutes autres propriétés.

gens, poussait des vociférations séditieuses; et cherchait à exciter une révolte. Surpris au milieu de ces tentatives, ce fidèle agent des ultra-royalistes ne fut pas plus heureux que le sieur *Bois;* placé sous la main de la justice, son délit fut légalement constaté, et il en subit le châtiment.

Le ministère se trompe s'il imagine qu'il puisse rendre à cette faction des services assez éminens pour en être constamment appuyé. On ne lui tiendra pas compte même du système des deux degrés d'élection qui tend à déshonorer le commerce, l'industrie, la petite propriété, en les privant du droit de concourir directement au choix de leurs représentans, de leurs défenseurs naturels; projet qui, s'il était adopté, détruirait l'égalité constitutionnelle si chère à la nation. Le ministère conservera l'appui qu'il s'est procuré tant que les oligarques pourront se servir des ministres pour suspendre nos libertés, pour dénaturer nos institutions: elle les brisera ensuite comme des instrumens inutiles. Que les ministres fassent une expérience; qu'ils accueillent la pétition de M. de Montjau; qu'ils prennent les mesures propres à assurer la tranquillité du Midi, en livrant aux tribunaux les coupables souillés de tant d'excès, les hommes qui ont commis tant d'outrages envers l'humanité; qu'ils s'expliquent franchement sur la situation de la France, sur le danger des sociétés secrètes, du comité directeur; ils connaîtront alors à quel prix on leur accorde une insultante protection. Qu'ils cessent seulement de destituer des fonctionnaires qui, dévoués au roi, sont aussi dévoués à la charte, et les échecs qu'ils éprouveront aux deux chambres les avertiront suffisamment combien l'appui des factions est fragile, combien il est dangereux.

Nos ministres ont d'excellentes intentions! je suis porté à le croire; mais depuis quand les intentions suffisent-elles pour gouverner un état comme la France? ils veulent le bien! mais suffit-il de le vouloir? Ceux qui aspirent à la noble ambition d'influer sur les destinées des peuples, ne devraient-ils pas consulter leurs forces? s'ils ne se sentent pas assez d'énergie pour échapper au joug des factions; s'ils n'ont pas assez de caractère pour maintenir leur indépendance; s'ils sont forcés de flatter, de ménager, que dis-je? de servir une autorité rivale de l'autorité légitime; s'ils ne savent, dans l'accomplissement de leurs devoirs, braver ni la haine des méchans, ni les calomnies des ennemis de l'ordre, qu'ils déposent le fardeau du pouvoir, il est trop pesant pour eux.

Mais vous aurez un ministère ultra-royaliste! —Que nous importe! De tous les maux qui affligent les sociétés politiques, l'incertitude est peut être le plus pénible de tous. Du moins, la nation saurait à quoi s'en tenir. Au lieu de la traîner vers l'abîme des révolutions par des routes tortueuses, on l'y conduirait par une route directe. Cela serait mieux. On saurait plus tôt de quel côté est le nombre, la force et le talent.

On ne peut se défendre de quelque amertume en considérant toutes les peines qu'on se donne pour mal gouverner la France, tandis qu'il serait si facile de la bien gouverner. Il y a dans tout faux système une erreur fondamentale; cherchons à la découvrir!

Grâces à la véhémence des déclamations, à la ténacité des imposteurs, on est parvenu à faire considérer les partisans de la charte comme les ennemis du Roi et de la famille royale, comme des jacobins, des révolutionnaires. Cette fausse idée peut perdre la France. Les amis de la charte sont dévoués au roi dont la charte est l'ouvrage, aux princes qui ont juré de la maintenir. Si toute espérance n'est pas flétrie au fond des cœurs; si quelque chance de salut nous sourit encore, c'est que nous tournons nos regards vers le trône; c'est que nous attendons de la sagesse et de la fermeté royale, quelques-unes de ces grandes résolutions, de ces actes magnanimes qui imposent silence aux factions, qui raffermissent les sociétés ébranlées sur leurs bases naturelles, qui fondent à jamais l'empire de l'ordre et des lois.

Si vous voulez connaître les amis et les ennemis du Roi, examinez quels sont ceux qui s'affligent lorsque la santé du monarque est menacée; quels sont ceux qui s'en réjouissent. Sont-ce les libéraux ou les ultra-royalistes qui font des vœux au ciel pour qu'il conserve la vie du Roi? Voulez-vous savoir quels sont les ennemis des princes? ce sont les ultra-royalistes, qui vont insinuant partout que les princes repoussent les idées de liberté légale; qu'ils ne reconnaissent aucun droit aux peuples, qu'ils sont les chefs d'une faction, et qu'elle monterait avec eux sur le trône. Voilà les ennemis, les vrais ennemis de la dynastie des Bourbons; voilà ceux qui compromettraient volontiers son existence pour envahir le pouvoir, pour recomposer ce qu'ils nomment les grandes propriétés, pour établir en leur faveur le monopole de la liberté.

A Dieu ne plaise que je confonde avec ces hommes passionnés, avec ces agens impurs d'un comité directeur et usurpateur tout le parti royaliste! On y trouve en grand nombre des hommes sans expérience, sans connaissance de l'état réel des choses, qui se laissent facilement éblouir, et qui sont de bonne foi dans leurs erreurs. On leur a dit que la nation était révolutionnaire; on a fait sonner très-haut à leurs oreilles les mots de religion, de morale, d'honneur; et ils croient pieusement que la France veut revenir sur une révolution accomplie et terminée; et ils s'imaginent qu'il n'y a plus parmi nous d'honneur, de morale, de religion. Qu'ils ouvrent enfin les yeux à la lumière; qu'ils examinent la conduite de ces nouveaux apôtres; qu'ils se rappellent quels ont été les instigateurs des excès du Midi, les provocateurs de la guerre civile dans Nîmes; qu'ils lisent la pétition de M. de Montjau, et qu'ils prononcent!

Cette pétition est un service important rendu au roi, rendu à la patrie. Elle assure à son auteur la vénération de tous les bons citoyens; elle pose un flambeau sur le bord de l'abîme. Si nous périssons maintenant, ce ne sera pas faute d'un avertissement salutaire. Toute la vérité aura été dite; la France entière l'aura entendue. Que si les craintes du grand magistrat de Nîmes se réalisaient, si la signature de sa pétition avait été son arrêt de mort, il emporterait avec lui les regrets amers de ses concitoyens; sa mémoire serait consacrée dans leurs cœurs reconnaissans, et son exemple à jamais cité comme un modèle de dévoûment héroïque et de patriotisme.

FIN.

www.ingramcontent.com/pod-product-compliance
Ingram Content Group UK Ltd.
Pitfield, Milton Keynes, MK11 3LW, UK
UKHW020541230726
13925UKWH00006B/2416